DÉCRET DU 29 MAI 1902

RELATIF AUX

EMPLOIS RÉSERVÉS

AUX ANCIENS MILITAIRES GRADÉS

COMPTANT AU MOINS CINQ ANS DE SERVICES

PARIS

Henri CHARLES-LAVAUZELLE

Éditeur militaire

10, Rue Danton, Boulevard Saint-Germain, 118

(MÊME MAISON A LIMOGES)

1902

DÉCRET DU 29 MAI 1902

RELATIF AUX

EMPLOIS RÉSERVÉS

AUX ANCIENS MILITAIRES GRADÉS

COMPTANT AU MOINS CINQ ANS DE SERVICES

DÉCRET DU 29 MAI 1902

EMPLOIS RÉSERVÉS

AUX ANCIENS MILITAIRES GRADÉS

COMPTANT AU MOINS CINQ ANS DE SERVICES

RAPPORT AU PRÉSIDENT DE LA RÉPUBLIQUE FRANÇAISE.

Monsieur le Président,

Le Conseil d'Etat, dans sa séance du 1ᵉʳ février 1900, tout en adoptant un projet de décret que je lui avais soumis pour modifier le règlement d'administration publique du 28 janvier 1892, relatif aux anciens militaires gradés comptant au moins cinq ans de services, a appelé mon attention sur la fréquence des changements apportés aux programmes des connaissances exigées des candidats et sur l'opportunité d'examiner s'il n'y aurait pas intérêt à faire disparaître ces programmes des tableaux annexés à ce document.

Je reconnais qu'il est indispensable, surtout pour certaines administrations dont les fonctionnaires doivent être au courant des moyens nouveaux de recherches, de contrôle, etc., etc., de modifier les programmes des connaissances à exiger des candidats en raison du développement de l'instruction, des progrès scientifiques et de leur application.

Or, ces modifications peuvent être fréquentes et nécessiter des changements fréquents au décret.

D'autre part, les militaires gradés, comptant au moins cinq ans de services, doivent subir les mêmes épreuves et remplir les mêmes conditions que les candidats qui n'ont pas la durée de services exigée par l'article 84 de la loi du 15 juillet 1889 ; cet article ne paraît leur conférer qu'un droit de préférence pour leur nomination à l'emploi pour lequel ils ont été reconnus aptes.

J'estime, en conséquence, que, pour ne pas avoir à y apporter des modifications incessantes, il serait utile de n'inscrire au décret qu'une mention invitant les candidats à se procurer le programme des examens ou des conditions à remplir, en s'adressant aux administrations compétentes ; le décret n'indiquerait que les conditions générales qui peuvent être considérées comme invariables.

Je crois, en outre, qu'il y aurait lieu de saisir cette occasion, soit pour modifier certaines prescriptions du décret du 28 janvier 1892, que l'expérience a démontrées inutiles ou inapplicables, soit pour en rendre d'autres plus explicites.

J'ai, en conséquence, préparé, après avoir consulté les administrations intéressées. le projet de décret ci-joint qui a reçu la haute approbation du Conseil d'Etat.

Si vous en approuvez les termes, je vous serais très obligé de vouloir bien le revêtir de votre signature.

Veuillez agréer, Monsieur le Président, l'hommage de mon respectueux dévouement.

Le Ministre de la guerre,
Général L. ANDRÉ.

DÉCRET.

Le Président de la République française,

Sur le rapport du Ministre de la guerre,

Vu l'article 84 de la loi du 15 juillet 1889, ainsi conçu :
« A partir du 1ᵉʳ novembre de la 3ᵉ année qui suivra la mise en vigueur de la présente loi, nul ne pourra être admis à exercer certains emplois salariés par l'Etat ou les départements si, n'ayant pas été déclaré impropre au service militaire, à l'appel ue sa classe, il ne compte au moins cinq années de services actifs dans les armées de terre ou de mer, dont deux comme officier, sous-officier, caporal ou brigadier, ou si, avant la date ci-dessus mentionnée, il n'a été retraité ou réformé.

« Un règlement d'administration publique, qui devra être promulgué un an au plus après la mise en vigueur de la présente loi, déterminera les emplois ainsi réservés, les conditions auxquelles les candidats devront satisfaire pour les obtenir et le mode de recrutement de ces emplois, en cas d'insuffisance de candidats remplissant les conditions voulues. »

Vu le décret du 28 janvier 1892 ;
Le Conseil d'Etat entendu,

Décrète :

Art. 1er. Les emplois énumérés dans les tableaux annexés au présent règlement sont réservés aux militaires et anciens militaires remplissant les conditions fixées par l'article 84 de la loi du 15 juillet 1889.

Ils ne peuvent être attribués à d'autres postulants qu'à défaut de candidats de cette catégorie.

Les notices contenant les programmes des connaissances exigées et des conditions à remplir sont envoyées ou remises, par les diverses administrations, aux candidats qui les demandent.

Art. 2. Toute demande d'emploi doit être adressée au général commandant la région dans laquelle se trouve le corps auquel le candidat appartient ou a appartenu pendant qu'il était en activité de service.

Si le candidat est présent au corps, la demande est transmise par la voie hiérarchique. Si le candidat est dans ses foyers, elle est transmise par l'intermédiaire de la gendarmerie.

L'autorité militaire donne son avis sur la demande et la transmet à l'autorité compétente dans un délai qui ne doit pas dépasser un mois.

Art. 3. Pour chaque catégorie d'emplois, une commission nommée par l'administration intéressée statue sur la moralité et l'aptitude professionnelle des candidats.

Lorsque, pour l'obtention d'un emploi, la notice visée à l'article 1er prescrit un examen, la commission fait subir au candidat les épreuves exigées et décide s'il a une connaissance suffisante des matières contenues dans le programme.

Un officier désigné, sur la demande de l'administration intéressée, par l'autorité militaire locale, fait partie de la commission avec voix délibérative.

La commission ne peut délibérer en son absence.

La liste des candidats admis est transmise, par le président de la commission, au Ministre de la guerre.

Il y a, pour chaque catégorie d'emplois, au moins une session d'examen par an.

Art. 4. A la suite de la session, les candidats admis sont classés par catégorie d'emplois dans l'ordre déterminé par le grade, et, dans chaque grade, par la durée totale des services. Les nominations sont faites en suivant ce classement ; s'il existe des candidats inscrits sur des listes antérieures, les candidats nouveaux sont inscrits à la suite.

Art. 5. Lorsqu'un emploi est donné au concours, tous les candidats sont astreints aux mêmes épreuves.

Ceux qui les ont subies avec succès et qui peuvent réclamer le bénéfice de l'article 84 de la loi sur le recrutement ont, pour la nomination à l'emploi, un droit de priorité sur tous les autres.

Ils sont classés entre eux selon la règle fixée à l'article précédent.

Art. 6. Chaque année, au plus tard le 1er juillet, les ministres et les différentes administrations transmettent au Ministre de la guerre un état indiquant, pour l'année précédente, le nombre de vacances pour chaque emploi, le nombre des places demandées et le nombre de nominations faites en faveur des officiers, sous-officiers, caporaux et brigadiers ayant la durée de services exigée par l'article 84 de la loi du 15 juillet 1889.

Ces états sont insérés, par les soins du Ministre de la guerre, au *Journal officiel.*

Art. 7. Les emplois figurant sur les tableaux annexés au présent décret et sur les tableaux annexés à la loi du 18 mars 1889 et aux décrets rendus pour son exécution sont attribués, dans la proportion fixée, d'abord aux candidats remplissant les conditions de ladite loi et ensuite aux militaires ou anciens militaires visés à l'article 84 de la loi du 15 juillet 1889.

Art. 8. Le décret du 28 janvier 1892 est abrogé.

Art. 9. Le Ministre de la guerre et les autres ministres, chacun en ce qui le concerne, sont chargés de l'exécution du présent décret, qui sera publié au *Journal officiel* et inséré au *Bulletin des lois.*

Fait à Paris, le 29 mai 1902.

EMILE LOUBET.

Par le Président de République :

Le Ministre de la guerre,
Général L. ANDRÉ.

Tableaux annexés au décret du 29 mai 1902, portant règlement d'administration publique et relatif aux emplois réservés aux anciens militaires gradés comptant au moins cinq ans de services.

Nota. — Le brevet d'officier équivaut au diplôme de bachelier.

Le nombre d'années qui suit la désignation de l'emploi indique la limite d'âge pour l'admission.

Ministère des affaires étrangères.

Attaché stagiaire (27 ans). — Un dixième des vacances dans l'emploi d'attaché est réservé à l'avancement des expéditionnaires qui remplissent les conditions exigées par le règlement spécial au ministère des affaires étrangères.
Expéditionnaire stagiaire (30 ans).
Homme de peine (27 ans).
Courrier facteur (27 ans).
Courrier de cabinet.
Elève chancelier (moins de 30 ans).
Commis de chancellerie (moins de 30 ans).

Ministère de la justice.

Administration centrale.

Expéditionnaire stagiaire (30 ans).
Gardien de bureau et ordonnance (pas de condition d'âge).

Cour de cassation.

Gens de service (pas de condition d'âge).

Imprimerie nationale.

Correcteur de 3e classe (35 ans).
Sous-prote et assimilé.
Garde-magasin.
Commis expéditionnaire (35 ans).
Préposé aux livraisons, aux achats et aux objets divers (35 ans).
Garçon de caisse (35 ans).
Concierge (35 ans).
Garçon de bureau (35 ans).

Grande chancellerie de la Légion d'honneur.

Commis expéditionnaire (30 ans).
Gardien de bureau (30 ans au plus).
Portier des maisons d'éducation (30 ans au plus).
Surveillant des hommes de peine à Saint-Denis (30 ans).
Jardinier (30 ans).
Cocher (30 ans).

Ministère de l'intérieur et des cultes.

Administration centrale.

Gardien de bureau (30 ans).

Administration pénitentiaire.

Régisseur de culture (30 ans).
Conducteur de travaux de bâtiments (30 ans).
Instituteur (30 ans).
Commis aux écritures (30 ans).
Teneur de livres (30 ans).
Commis-greffier des prisons de la Seine (30 ans).
Gardien ordinaire des prisons de la Seine (moins de 35 ans avec services militaires).
Gardien commis-greffier dans les établissements pénitentiaires (32 ans).
Gardien des maisons centrales et pénitenciers agricoles (32 ans).
Gardien des prisons, maisons cellulaires de courtes peines, prisons en commun (32 ans).
Surveillant des colonies pénitentiaires et maisons d'éducation pénitentiaires (32 ans).
Gardien portier et concierge d'établissements pénitentiaires de divers genres (pas de limite d'âge).

Etablissements nationaux de bienfaisance.

Commis aux écritures (pas de limite d'âge).

Direction de l'assistance et de l'hygiène publiques.

Commis d'agence dans le département de la Seine (30 ans).
Préposé au placement dans le département de la Seine-Inférieure.

Police sanitaire maritime.

Agent, sous-agent, surveillant ou garde, canotier ou marinier, concierge ou gardien.
Secrétaire, commis et employé.
Capitaine et lieutenant de la santé.

*Etablissements thermaux de l'Etat et établissements
de bienfaisance.*

Commis aux écritures.

Administration des cultes.

Rédacteur stagiaire (30 ans). — Un dixième des vacances dans l'emploi de rédacteur est réservé à l'avancement des expéditionnaires qui remplissent les conditions exigées par le règlement spécial à l'administration des cultes.
Expéditionnaire stagiaire (30 ans), garçon de bureau.

GOUVERNEMENT GÉNÉRAL DE L'ALGÉRIE.

Administration centrale.

Rédacteur (30 ans). — Un dixième des vacances dans l'emploi de rédacteur est réservé à l'avancement des commis expéditionnaires qui remplissent les conditions exigées par le règlement spécial au gouvernement général de l'Algérie.
Commis expéditionnaire (36 ans).
Gardien de bureau (30 ans). — Si le candidat a des services civils comptant pour la retraite, la limite d'âge est reculée dans une proportion égale à la durée de ces services.

Administration départementale.

Rédacteur (30 ans). — Un dixième des vacances dans l'emploi de rédacteur est réservé à l'avancement des commis expéditionnaires qui remplissent les conditions exigées par le règlement spécial au gouvernement général de l'Algérie.
Commis ordinaire (36 ans).
Commis vérificateur (36 ans).
Commis expéditionnaire (36 ans).
Garçon de bureau (36 ans).

Service des communes mixtes.

Commis de commune mixte (30 ans).
Adjoint de commune mixte (30 ans).

Enregistrement, domaines et timbre.

Receveur surnuméraire (30 ans).
Garde-magasin (30 ans).
Contrôleur de comptabilité (30 ans).
Timbreur tourne-feuilles (36 ans).

Contributions directes.

Surnuméraire (36 ans).
Répartiteur (36 ans).
Commis auxiliaire (pas de limite d'âge).

Postes.

Receveur (35 ans).
Brigadier-facteur (30 ans).
Facteur-receveur (30 ans).

Télégraphes.

Commis surnuméraire (30 ans).
Surveillant (30 ans).

Poids et mesures.

Vérificateur adjoint (36 ans).

Service sanitaire.

Garde sanitaire.

Contributions diverses.

Surnuméraire (30 ans).
Commis auxiliaire (pas de limite d'âge).
Porteur de contraintes (45 ans).

Service de la sûreté en Algérie.

Sous-inspecteur (40 ans).
Agent (40 ans).

Prisons d'Alger.

Gardien-concierge de maison centrale.

Ecole d'apprentissage de Dellys.

Econome (30 ans).
Secrétaire de la direction (30 ans).
Adjudant (30 ans).
Concierge-vaguemestre (30 ans).

Pêche côtière.

Garde maritime : pouvoir prétendre, soit par l'âge, soit par les services antérieurs, à la solde de retraite à l'âge maximum de 65 ans.

Topographie.

Elève géomètre (36 ans).
Commis sédentaire (36 ans).
Garçon de bureau (36 ans).

Ponts et chaussées.

Commis stagiaire (30 ans). — Limite d'âge reculée d'un nombre d'années égal à celui des années de services militaires ou civils comptant pour la retraite. En aucun cas, le candidat ne doit avoir dépassé l'âge de 40 ans.

Phares et balises.

Gardien de phare (25 ans au moins), limite d'âge reculée d'un nombre d'années égal à celui des années de services militaires ou civils (35 ans au plus), admissibles pour la retraite. En aucun cas, le candidat ne devra avoir dépassé l'âge de 45 ans.

Forêts.

Garde domanial (37 ans).
Garde sédentaire (37 ans).

Ports de commerce.

Maître de port : avoir 30 ans au minimum.

Hydraulique agricole.

Barragiste.
Garde-canaux.

Emplois salariés par le département.

Garçon de bureau :
1° du Conseil général);
2° Des archives départementales.
Concierge de la préfecture et des sous-préfectures.
Commis à l'inspection des enfants assistés.

Voirie du département d'Alger.

Agent voyer ordinaire (36 ans).
Agent voyer secondaire (36 ans).

Ministère des finances.

Administration centrale.

Rédacteur stagiaire (30 ans). — Un dixième des vacances dans l'emploi de rédacteur est réservé à l'avancement des expéditionnaires qui remplissent les conditions exigées par le règlement spécial au ministère des finances.
Expéditionnaire stagiaire (30 ans).
Agent de comptoir (35 ans).
Veilleur de nuit (35 ans).
Gardien de bureau (35 ans).

Contributions directes.

Percepteur surnuméraire (30 ans).
Contrôleur stagiaire (30 ans).

Douanes.

Commis surnuméraire (30 ans).
Préposé ou matelot des douanes (30 ans).

Contributions indirectes.

Commis surnuméraire (30 ans).
Préposé au service des sucres (30 ans).
Préposé aux distilleries (30 ans).
Préposé au service général (30 ans).
Receveur buraliste (30 ans).

Manufactures de l'Etat.

Commis de la culture des tabacs (30 ans).
Vérificateur stagiaire de la culture des tabacs (30 ans).
Commis stagiaire des manufactures (30 ans).

Enregistrement, domaines et timbre.

Commis de dernière classe (30 ans).
Sous-agent à l'atelier général du timbre (30 ans).
Garde-magasin du timbre (30 ans).
Contrôleur de comptabilité (30 ans).
Commis de contrôle (30 ans).
Receveur surnuméraire (30 ans).
Commis du service central (30 ans).

Trésorerie d'Algérie et de Cochinchine..

Commis de 5ᵉ classe (30 ans).

Administration des monnaies.

Rédacteur stagiaire (30 ans). — Un dixième des vacances dans l'emploi de rédacteur est réservé à l'avancement des expéditionnaires qui remplissent les conditions exigées par le règlement spécial au ministère des finances.
Expéditionnaire stagiaire (30 ans).
Gardien de bureau (35 ans).

Caisse des dépôts et consignations.

Commis stagiaire (30 ans). — Un dixième des vacances dans l'emploi de commis est réservé à l'avancement des expéditionnaires qui remplissent les conditions exigées par le règlement spécial à la Caisse des dépôts et consignations.
Expéditionnaire stagiaire (30 ans).
Gardien de bureau (30 ans).

Ministère de la guerre.

Administration centrale.

Rédacteur stagiaire (30 ans). — Un dixième des vacances dans l'emploi de rédacteur est réservé à l'avancement des expéditionnaires qui remplissent les conditions exigées par le règlement spécial au ministère de la guerre.
Expéditionnaire (35 ans).
Gardien de bureau (35 ans).

ÉCOLES MILITAIRES.

. Ecole supérieure de guerre.

Commis d'administration (30 ans ou des services militaires dont la durée permet de compter 30 ans de services à 60 ans d'âge).

Agent subalterne (30 ans ou des services militaires dont la durée permet de compter 30 ans de services à 60 ans d'âge).

Prytanée militaire.

Aspirant répétiteur (30 ans ou des services militaires dont la durée permet de compter 30 ans de services à 60 ans d'âge).

Commis d'administration (30 ans ou des services militaires dont la durée permet de compter 30 ans de services à 60 ans d'âge).

Gardien de 5ᵉ classe (30 ans ou des services militaires dont la durée permet de compter 30 ans de services à 60 ans d'âge).

Garçon de 5ᵉ classe (30 ans ou des services militaires dont la durée permet de compter 30 ans de services à 60 ans d'âge).

Ecole spéciale militaire.

Commis d'administration (30 ans ou des services militaires dont la durée permet de compter 30 ans de services à 60 ans d'âge).

Agent secondaire (chef) (30 ans ou des services militaires dont la durée permet de compter 30 ans de services à 60 ans l'âge).

Agent secondaire (garçon servant) (30 ans ou des services militaires dont la durée permet de compter 30 ans de services à 60 ans d'âge).

Ecole d'application de cavalerie.

Commis d'administration (30 ans ou des services militaires dont la durée permet de compter 30 ans de services à 60 ans d'âge).

Commis lithographe (30 ans ou des services militaires dont la durée permet de compter 30 ans de services à 60 ans d'âge).

Aide-lithographe (30 ans ou des services militaires dont la durée permet de compter 30 ans de services à 60 ans d'âge).

Gardien de 5ᵉ classe (30 ans ou des services militaires dont la durée permet de compter 30 ans de services à 60 ans d'âge).

Homme de peine de 3ᵉ classe (30 ans ou des services militaires dont la durée permet de compter 30 ans de services à 60 ans d'âge).

Ecole polytechnique.

Commis d'administration (30 ans ou des services militaires dont la durée permet de compter 30 ans de services à 60 ans d'âge).

Gardien des collections, des laboratoires, de la bibliothèque et du magasin (30 ans ou des services militaires dont la durée permet de compter 30 ans de services à 60 ans d'âge).

Agent subalterne (30 ans ou des services militaires dont la durée permet de compter 30 ans de services à 60 ans d'âge.

Personnel administratif de l'Ecole polytechnique.

Adjoint au trésorier (56 ans).
Adjoint au comptable du matériel (56 ans).

Ecole de santé militaire.

Chef de garçons (pouvoir réunir 30 ans de services à 60 ans d'âge).

Cuisinier-chef et garçon de 5ᵉ classe (pouvoir réunir 30 ans de services à 60 ans d'âge).

*Ecoles militaires préparatoires d'infanterie, de cavalerie
et d'artillerie. — Orphelinat Hériot.*

Professeur.

Ecole d'application de l'artillerie et du génie.

Préparateur du cours des sciences appliquées et de photographie (30 ans ou des services militaires dont la durée permet de compter 30 ans de services à 60 ans d'âge).

Artiste lithographe (30 ans ou des services militaires dont la durée permet de compter 30 ans de services à 60 ans d'âge).

Artiste mécanicien (30 ans ou des services militaires dont la durée permet de compter 30 ans de services à 60 ans d'âge).

Dessinateur (30 ans ou des services militaires dont la durée permet de compter 30 ans de services à 60 ans d'âge).

Commis d'administration (30 ans ou des services militaires dont la durée permet de compter 30 ans de services à 60 ans d'âge).

Agent secondaire (30 ans ou des services militaires dont la durée permet de compter 30 ans de services à 60 ans d'âge).

Ecole militaire préparatoire de l'artillerie et du génie.

Professeur civil (30 ans ou des services militaires dont la durée permet de compter 30 ans de services à 60 ans d'âge).

Section technique de l'artillerie.

Commis stagiaire (30 ans ou des services militaires dont la durée permet de compter 30 ans de services à 60 ans d'âge).

Gardien de bureau (30 ans ou des services militaires dont la durée permet de compter 30 ans de services à 60 ans d'âge).

Concierge (30 ans ou des services militaires dont la durée permet de compter 30 ans de services à 60 ans d'âge).

Manufacture d'armes et fonderie de canons.

Ouvrier immatriculé (réunir 25 ans de services à 60 ans d'âge, services militaires compris).

Poudrerie militaire du Bouchet.

Poudrier (30 ans ou des services militaires dont la durée permet de compter 30 ans de services à 60 ans d'âge).

Concierge (30 ans ou des services militaires dont la durée permet de compter 30 ans de services à 60 ans d'âge).

Section technique du génie.

Expéditionnaire stagiaire (30 ans).
Gardien de bureau (30 ans).

Direction du génie.

Casernier de 2ᵉ classe en France (40 ans).
Casernier de 2ᵉ classe en Algérie (40 ans).
Concierge des hôtels des quartiers généraux (40 ans).

Service des subsistances militaires.

Ingénieur technique du service de l'intendance.

Service géographique de l'armée.

Dessinateur de 3ᵉ classe (pouvoir compter 30 années de services effectifs à 60 ans d'âge).

Graveur de 3ᵉ classe ou modeleur de 3ᵉ classe (pouvoir compter 30 années de services effectifs à 60 ans d'âge).

Calculateur de 3ᵉ classe (pouvoir compter 30 années de services effectifs à 60 ans d'âge).

Aquarelliste de 3ᵉ classe (pouvoir compter 30 années de services effectifs à 60 ans d'âge).

Gardien de bureau (pouvoir compter 30 années de services effectifs à 60 ans d'âge).

Concierge (pouvoir compter 30 années de services effectifs à 60 ans d'âge).

Hôtel des Invalides.

Ouvrier mécanicien.
Ouvrier charron.
Ouvrier tapissier.
Sous-employé (40 ans).
Servant (40 ans).

Service des poudres.

Chefs mécaniciens, 30 ans (limite reculée d'un nombre d'années égal à celui des années de services militaires comptant pour la retraite).

Commis et chef ouvrier, 30 ans (limite reculée d'un nombre d'années égal à celui des années de services militaires comptant pour la retraite).

Poudrier, 30 ans (limite reculée d'un nombre d'années égal à celui des années de services militaires comptant pour la retraite).

Concierge, 30 ans (limite reculée d'un nombre d'années égal à celui des années de services militaires comptant pour la retraite).

Ministère de la marine (1).

Administration centrale.

Rédacteur stagiaire, 34 ans au 1ᵉʳ janvier de l'année de

---

(1) Les emplois du ministère de la marine ne sont donnés aux militaires de l'armée de terre qu'à défaut d'officiers mariniers ayant 5 ans de services au moins.

l'examen. — Un dixième des vacances dans l'emploi de rédacteur est réservé à l'avancement des commis qui remplissent les conditions exigées par le règlement spécial au ministère de la marine.

Commis stagiaire (32 ans au 1er janvier de l'année de l'examen).

Gardien de bureau (pouvoir réunir 30 ans de services effectifs à 60 ans d'âge).

Journalier (pouvoir réunir 30 ans de services effectifs à 60 ans d'âge).

Service hydrographique.

Dessinateur de 4e classe (pouvoir prétendre, soit par l'âge, soit par les services antérieurs, à une pension de retraite à 55 ans et compter, à cette époque, 10 ans de services au service hydrographique).

Photographe (pouvoir prétendre, soit par l'âge, soit par les services antérieurs, à une pension de retraite à 55 ans et compter, à cette époque, 10 ans de services au service hydrographique).

Agent du service des instruments (pouvoir prétendre, soit par l'âge, soit par les services antérieurs, à une pension de retraite à 55 ans et compter, à cette époque, 10 ans de services au service hydrographique).

Personnel des services du commissariat de la flotte. — Personnel des directions des travaux. — Personnel des comptables des matières.

Commis d'administration de 4e classe des services du commissariat de la flotte et de la santé (pouvoir prétendre, soit par l'âge, soit par les services antérieurs, à une pension de retraite à 56 ans).

Commis d'administration de 4e classe des directions des travaux (pouvoir prétendre, soit par l'âge, soit par les services antérieurs, à une pension de retraite à 56 ans).

Commis de 4e classe du service de la comptabilité des matières (pouvoir prétendre, soit par l'âge, soit par les services antérieurs, à une pension de retraite à 56 ans).

Personnel ouvrier des arsenaux et établissements de la marine.

Ouvrier de 1re catégorie (spécialité) (pouvoir réunir, à 55 ans, les conditions d'admission à la pension de retraite).

Ouvrier de 2e catégorie (manœuvre) (pouvoir réunir, à 55 ans, les conditions d'admission à la pension de retraite).

Ministère de l'instruction publique et des beaux-arts.

Administration centrale.

Rédacteur stagiaire (30 ans). — Un dixième des vacances dans l'emploi de rédacteur est réservé à l'avancement des expéditionnaires qui remplissent les conditions exigées par le règlement spécial au ministère de l'instruction publique et des beaux-arts.

Expéditionnaire stagiaire (30 ans).
Gardien de bureau et homme de service (30 ans).
Employé à l'Institut (30 ans).
Garçon de bureau à l'Institut (30 ans).

Muséum d'histoire naturelle.

Gardien de galerie.
Concierge.
Surveillant.

Bibliothèque.

Surveillant.
Gardien-concierge.
Homme de service.

Administration de l'inspection académique.

Commis d'inspection.
Gardien de bureau.

Ecole normale supérieure.

Garçon de laboratoire.
Concierge.

Facultés.

Commis de secrétaire de Faculté.
Garçon de salle.
Gardien de bureau.
Garçon de laboratoire.
Appariteur de Faculté.

Musées.

Gardien (33 ans).

Académie de médecine.

Employé.
Garçon de bureau.

Collège de France.

Appariteur.
Garçon de bureau.
Concierge.

Ecole des Chartes.

Appariteur.
Gardien de bureau.
Concierge.

Ecole des langues orientales.

Gardien de bureau.
Concierge.

Observatoires.

Gardien de bureau.

Archives nationales.

Commis.
Homme de service.

Enseignement secondaire.

Commis aux écritures (moins de 30 ans).
Répétiteur stagiaire.
Maître primaire.

Enseignement primaire.

Instituteur stagiaire (26 ans).

ADMINISTRATION DES BEAUX-ARTS.

Bâtiments civils et palais nationaux.

1° Service des bâtiments.

Gardien de chantier ou de magasin (35 ans).
Gardien de bureau (35 ans).
Charretier (35 ans).
Garçon fontainier (35 ans).
Garde-forestier (35 ans).

2° Service des jardins.

Aide-jardinier (45 ans).

3° Service des eaux de Versailles, Marly, Meudon, Saint-Cloud.

Sous-inspecteur (35 ans).
Expéditionnaire (35 ans).

Contrôleur-distributeur (35 ans).
Ouvrier (35 ans).
Fontainier-distributeur (35 ans).
Aide-garde-magasin (35 ans).
Garde des eaux (35 ans).
Garde-cantonnier (35 ans).
Garçon de bureau (35 ans).

4° Garde-meuble et conservation des palais nationaux.

Rédacteur (30 ans). — Un dixième des vacances dans l'emploi de rédacteur est réservé à l'avancement des expéditionnaires qui remplissent les conditions exigées par le règlement spécial au ministère de l'instruction publique et des beaux-arts.
Expéditionnaire.
Ouvrier (tapissier, ébéniste, lustrier, serrurier et menuisier) (moins de 30 ans).
Surveillant militaire (pouvoir compter, à 60 ans d'âge, 30 ans de services civils et militaires donnant droit à pension).
Surveillant portier (pouvoir compter, à 60 ans d'âge, 30 ans de services civils et militaires donnant droit à pension).
Portier (pour compter, à 60 ans d'âge, 30 ans de services civils et militaires donnant droit à pension).
Homme de service (moins de 30 ans).

Musées.

Commis aux écritures ou commis comptable.
Gardien (33 ans).
Concierge.

Ecole des beaux-arts.

Commis aux écritures ou commis comptable.
Gardien de bureau (33 ans).
Concierge.

Ecole des arts décoratifs.

Commis aux écritures ou commis comptable.
Gardien de bureau (33 ans).
Concierge.

*Ecoles nationales des arts décoratifs ou des beaux-arts
dans les départements.*

Commis aux écritures ou commis comptable.
Gardien de bureau (33 ans).
Concierge.

Manufacture de Sèvres.

Commis aux écritures ou commis comptable (33 ans).
Gardien de bureau (33 ans).

Manufacture des Gobelins.

Commis aux écritures ou commis comptable (33 ans).
Gardien de bureau (33 ans).

Manufacture de Beauvais.

Commis aux écritures ou commis comptable (33 ans).
Gardien de bureau (33 ans).

Musée Guimet.

Employé.
Gardien.

Musée ethnographique.

Gardiens.

Ministère de l'agriculture.

Administration centrale.

Rédacteur stagiaire (30 ans). — Un dixième des vacances dans l'emploi de rédacteur est réservé à l'avancement des expéditionnaires qui remplissent les conditions exigées par le règlement spécial au ministère de l'agriculture.
Comme stagiaire (30 ans).
Gardien de bureau.

Ecoles vétérinaires.

Secrétaire de direction.
Commis d'administration.
Econome.
Palefrenier.
Portier-consigne.
Garçon de laboratoire.
Homme de peine.

Ecoles nationales d'agriculture.

Agent comptable.
Econome.
Commis.
Surveillant.
Concierge.

Fermes-écoles.

Surveillant comptable.

Ecoles d'horticulture.

Agent comptable.
Surveillant.

Bergeries nationales.

Commis comptable.

Direction de l'hydraulique agricole.

Commis (32 ans).
Agent inférieur de l'hydraulique agricole (35 ans).

Haras et dépôts d'étalons.

Palefrenier (30 ans).

Forêts.

Garde des eaux et forêts domanial (35 ans).
Garde des eaux et forêts, cantonnier et garde des eaux et forêts sédentaire (35 ans).

Ministère du commerce, de l'industrie, des postes et des télégraphes.

Administration centrale.

Rédacteur stagiaire (30 ans). — Un dixième des vacances dans l'emploi de rédacteur est réservé à l'avancement des expéditionnaires qui remplissent les conditions exigées par le règlement spécial au ministère du commerce, de l'industrie, des postes et des télégraphes.
Expéditionnaire stagiaire (30 ans).
Gardien de bureau (30 ans).

Conservatoire des arts et métiers.

Secrétaire de la direction (30 ans).
Commis (30 ans).
Surveillant des cours (30 ans).
Concierge (30 ans).
Gardien chef (30 ans).
Gardien de galerie (30 ans).

Ecole centrale des arts et manufactures.

Commis (40 ans).

Garçon de bureau (40 ans).
Garçon de salle (40 ans).
Concierge (40 ans).

Ecoles d'arts et métiers d'Aix, d'Angers et de Châlons.

Secrétaire de la direction (30 ans).
Commis (service du matériel, comptabilité, économat, atelier) (30 ans).
Concierge (30 ans).

Ecole d'horlogerie de Cluses.

Surveillant.

Poids et mesures.

Vérificateur adjoint (36 ans).

Sous-secrétariat des postes et des télégraphes.

Administration centrale.

Expéditionnaire (30 ans).

Postes et télégraphes.

Facteur des postes à Paris (30 ans).
Facteur local et rural (30 ans).
Receveur (35 ans).
Surnuméraire (30 ans).

Télégraphes.

Surveillant des télégraphes (30 ans).
Facteur des télégraphes (30 ans).

Ministère des colonies.

Administration centrale.

Expéditionnaire stagiaire (30 ans).
Rédacteur stagiaire (30 ans de services à 60 ans d'âge). — Un dixième des vacances dans l'emploi de rédacteur est réservé à l'avancement des expéditionnaires qui remplissent les conditions exigées par le règlement spécial au ministère des colonies.
Gardien de bureau (30 ans de services à 60 ans d'âge).

Secrétariats généraux dans les colonies autres que l'Indo-Chine.

Commis de 3e classe des secrétariats généraux (30 ans de services à 60 ans d'âge).

Sous-chef de bureau de 2ᵉ classe et stagiaire des secrétariats généraux (25 ans de services à 55 ans d'âge).

Administrateurs coloniaux.

Administrateur stagiaire et administrateur adjoint de 3ᵉ classe (25 années de services à 55 ans d'âge).

Administrateur adjoint de 2ᵉ classe (25 années de services à 55 ans d'âge).

Administrateur adjoint de 1ʳᵉ classe (25 années de services à 55 ans d'âge).

Administrateur de 3ᵉ classe (25 années de services à 55 ans d'âge).

Administrateurs de 2ᵉ et de 1ʳᵉ classe (25 années de services à 55 ans d'âge). — Observations générales. Les administrateurs coloniaux servent dans les colonies d'Afrique, à Madagascar, dans l'Inde, à la Nouvelle-Calédonie et dans les établissements français de l'Océanie.

Affaires indigènes.

Commis de 4ᵉ classe des affaires indigènes dans les colonies de la côte occidentale d'Afrique (30 ans de services à 60 ans d'âge).

Services civils de l'Indo-Chine.

Commis de 3ᵉ classe (30 ans).
Commis de 2ᵉ classe (30 ans).
Commis de 1ʳᵉ classe (30 ans).
Administrateurs stagiaires.
Administrateurs de 5ᵉ classe.
Administrateurs de 4ᵉ classe.
Administrateurs de 3ᵉ classe.
Administrateurs de 2ᵉ classe.

Personnel des affaires civiles de Madagascar.

Commis de 3ᵉ classe (30 ans de services à 60 ans d'âge).

Personnel des comptables de Madagascar.

Commis de 3ᵉ classe (30 ans de services à 60 ans d'âge).

Personnel des agents du commissariat.

Commis de 3ᵉ classe (30 ans).

Personnel des comptables des matières des colonies (anciennement agents des vivres et du matériel des colonies).

Magasinier de 4ᵉ classe (30 ans).

Infirmiers coloniaux.

Infirmier stagiaire (25 années de services à 50 ans d'âge) : âge maximum au moment de l'admission (40 ans).

Personnel européen de la garde indigène (force de police civile dans diverses colonies).

Garde principal de 3ᵉ classe de la garde indigène de l'Indo-Chine (40 ans au plus).

Inspecteur de 3ᵉ classe de la garde indigène de l'Indo-Chine (40 ans au plus).

Inspecteurs de 1ʳᵉ, 2ᵉ et 3ᵉ classe de la garde indigène du Congo.

Gardes principaux de 1ʳᵉ et 2ᵉ classe de la garde indigène du Congo.

Gardes européens de la garde indigène de Madagascar (40 ans).

Gardes principaux de 4ᵉ classe de la garde indigène de Madagascar (40 ans).

Inspecteurs de 3ᵉ classe de la garde indigène de Madagascar (40 ans).

Ports et rades.

Capitaine et lieutenant de port (30 ans au moins, 60 ans au plus).

Maître de port (30 ans au moins, 60 ans au plus).

Douanes et régies de l'Indo-Chine (1).

Préposé et commis auxiliaire de 1ʳᵉ et de 2ᵉ classe (30 ans).

Commis de 4ᵉ classe et préposé de 3ᵉ classe du cadre permanent (1).

Commis de 3ᵉ classe (1) (30 ans).

Commis de 2ᵉ classe (1) (30 ans).

Police administrative et judiciaire de Cochinchine (1).

Agent de 3ᵉ classe (25 ans au moins, 30 ans au plus).

Service du cadastre et de la topographie en Cochinchine (1).

Elève géomètre (30 ans).

Imprimerie coloniale en Cochinchine (1).

Correcteur et agent (30 ans).

---

(1) Les agents nommés dans ce service concourent à une pension servie par la caisse des retraites spéciale à l'Indo-Chine. Ils peuvent cumuler une pension militaire avec le traitement d'activité.

Police dans les colonies autres que l'Indo-Chine.

Commissaire de police adjoint (30 ans).

Administration pénitentiaire.

Commis de 2ᵉ et de 3ᵉ classe (réunir 25 ans de services effectifs à 55 ans d'âge).
Commis de 2ᵉ classe (réunir 25 ans de services effectifs à 55 ans d'âge).
Commis de 3ᵉ classe (réunir 25 ans de services effectifs à 55 ans d'âge).
Commissaire de police de 6ᵉ classe retraité en vertu de la loi du 9 juin 1853.
Conducteur-commis des travaux de 4ᵉ classe.
Agent de culture de 4ᵉ classe.
Surveillant militaire de 3ᵉ classe (25 ans au moins, 40 ans au plus).
Commis-greffier dans les prisons, gardien de prison.

Ministère des travaux publics.

Administration centrale.

Rédacteur stagiaire (30 ans). — Un dixième des vacances dans l'emploi de rédacteur est réservé à l'avancement des expéditionnaires qui remplissent les conditions exigées par le règlement spécial au ministère des travaux publics.
Expéditionnaire stagiaire (30 ans).
Gardien de bureau (30 ans).

Ponts et chaussées.

Commis stagiaire des ponts et chaussées (agents secondaires), (32 ans).
Agent voyer cantonal (35 ans).
Agent voyer auxiliaire (35 ans).
Piqueur (35 ans).

Eaux et égouts.

Garde de navigation (45 ans).
Éclusier (45 ans).
Barragiste (45 ans).

Services divers.

Garde-pêche (35 ans).
Garde de navigation (35 ans).

Eclusier (35 ans).
Barragiste (35 ans).
Pontier (35 ans).
Gardien de phare (35 ans).
Mécanicien chauffeur, graisseur des usines des ponts et chaussées (35 ans).

ADMINISTRATION DES CHEMINS DE FER DE L'ÉTAT.

A. — *Emplois réservés aux candidats au titre d'aspirants.*

1° Aspirants de 2e classe.

Rédacteur (32 ans).
Dessinateur (32 ans).
Intérimaire (32 ans).
Mécanicien (32 ans).
Chef de district (32 ans).

2° Aspirants de 1re classe.

Rédacteur (32 ans).
Dessinateur (32 ans).
Intérimaire (32 ans).
Mécanicien (32 ans).
Chef de district (32 ans).

B. — *Emplois réservés aux candidats au titre d'agent à l'essai.*

Aide-contremaître (30 ans).
Rédacteur (30 ans).
Intérimaire (30 ans).
Expéditionnaire (30 ans).
Commis (30 ans).
Comptable (30 ans).
Dessinateur (30 ans).
Piqueur de la voie (30 ans).
Chef d'équipe des ateliers (30 ans).
Chef d'équipe du petit entretien (30 ans).
Facteur enregistrant (30 ans).
Commis de grande et de petite vitesse (30 ans).
Chauffeur de train (30 ans).
Chef d'équipe des nettoyeurs (30 ans).
Chauffeur de machine fixe (30 ans).
Maître de chai (30 ans).
Huissier (30 ans).
Facteur (30 ans).

Employé au télégraphe (30 ans).
Surveillant (30 ans).
Pointeur (30 ans).
Aide-préposé à la reconnaissance (30 ans).
Garde-frein (30 ans).
Commis d'ordre des gares (30 ans) .
Ouvrier lampiste (30 ans).
Surveillant électricien (30 ans).
Surveillant balancier (30 ans).
Visiteur (30 ans).
Tonnelier (30 ans).
Distributeur (30 ans).
Gardien de bureau (30 ans).
Concierge de bureau (30 ans).
Homme d'équipe (30 ans).
Concierge de gare (30 ans).
Homme d'équipe lampiste (30 ans).
Lampiste (30 ans).
Poseur (30 ans).

PRÉFECTURE DE LA SEINE.

Emplois divers.

Garde du palais de justice ou du tribunal de commerce.
Gagiste du palais de justice ou du tribunal de commerce
(45 ans prorogée jusqu'à 55 ans, pour les candidats comptant
des services valables pour la retraite dans la limite de la durée
de ces services).

Assistance publique.

Expéditionnaire à l'administration centrale (services dépar-
tementaux seulement) (35 ans).
Commis (services départementaux seulement) (35 ans).
Gardien de bureau (40 ans).
Commis d'agence du service extérieur des enfants assistés
(35 ans).

PRÉFECTURE DE POLICE.

Commissariat des communes du département de la Seine.

Sergent de ville (30 ans).

Maison de retraite de Villers-Cotterets.

Comptable (30 ans).
Surveillant (30 ans).

Maison départementale de Nanterre.

Régisseur comptable (30 ans).
Commis aux écritures (30 ans).
Surveillant (30 ans).

Laboratoire de toxicologie.

Garçon de laboratoire (30 ans).

Morgue.

Commis-greffier (30 ans).
Garçon de service (30 ans).
Gardien (30 ans).
Garçon de bureau (30 ans).

———

Paris et Limoges. — Imprimerie militaire Henri Charles-Lavauzelle.

Librairie militaire Henri CHARLES-LAVAUZELLE
Paris et Limoges.

REFONTE DU BULLETIN OFFICIEL DU MINISTÈRE DE LA GUERRE

Décret du 14 janvier 1889 portant règlement sur l'administration et la comptabilité des corps de troupe (à jour au 1er septembre 1900).
Texte. 208 p., broché, *franco*, 1 75; relié toile, *franco*............... 2 50
Modèles (à jour au 1er mai 1898). 322 pages, broché, *franco*, 3 fr.; relié toile, *fra...* .... 4 »

Règlement du 15 novembre 1887 sur le service de l'habillement dans les corps de troupe (masse d'habillement), suivi de l'instruction pour l'application dudit (à jour en mai 1901), 208 pages, broché, *franco*, 1 fr. 85; relié toile, *franco*.................................... 2 85

Service de l'habillement dans les corps de troupe. Dispositions diverses (à jour au 25 août 1898). 76 pages, broché, *franco*, 0 fr. 75; relié toile, *franco*.. 1 50

Règlement du 15 janvier 1890 sur le service du **chauffage** dans les corps de troupe. Dispositions relatives a l'éclairage (à jour au 1er juin 1899). Broché, *franco*, 1 fr.; relié toile, *franco*................... 1 50

Service du harnachement dans les corps de troupe (à jour au 1er décembre 1899). 226 pages, broché, *franco*, 2 fr.; relié toile, *franco*.... 3 »

Règlement du 29 juillet 1899 sur la gestion des ordinaires de la troupe. 128 pages, broché, *franco*, 1 fr. 15; relié toile, *franco*....... 1 75

Comptabilité en campagne et habillement en temps de guerre, corps de troupe (à jour en avril 1901). 126 pages, broché, *franco*, 1 franc; relié toile, *franco*.. 1 75

Ameublements (hôtels affectés aux officiers généraux, sous-officiers rengagés ou commissionnés autres que les adjudants ou assimilés, bureaux des états-majors et de l'intendance). (A jour au 15 décembre 1899.) 60 pages, broché, *franco*, 0 fr. 60; relié toile, *franco*................... 1 25

Poudres et explosifs (à jour au 10 décembre 1899). 52 pages, broché, *franco*, 0 fr. 60; relié to le................................... 1 25

Service des forges. — Instruction du 6 juin 1899. 60 pages, broché, *franco*, 0 fr. 60; relié toile, *franco*........................ 1 25

Tarif des réparations aux armes portatives, approuvé le 15 octobre 1899. 184 pages, broché, *franco*, 1 fr. 60; relié toile, *franco*............... 2 60

Règlement du 4 janvier 1897 sur le service et l'entretien du **harnachement** dans les établissements de l'artillerie, avec tables et suivi de 4 annexes. 44 pages, broché, *franco*, 0 fr. 50; relié toile, *franco*........ 1 »

Instruction du 31 mai 1891 sur les écritures concernant les mouvements intérieurs dans les places comptables et la tenue des magasins (édition approuvée le 1er mars 1896). 44 pages, broché, *franco*, 0 fr. 50; relié toile, *franco*.................................... 1 »

Instruction du 24 octobre 1890 sur la comptabilité du matériel mis à la disposition des corps de troupe de l'artillerie et du train des équipages militaires par les établissements et les parcs d'artillerie (édition approuvée le 9 mars 1895). 40 pages, broché, *franco*, 0 fr. 50, relié toile, *franco*.. 1 »

Instruction sur le service de l'armement approuvée le 30 août 1884 (à jour en avril 1901). 268 pag., br., *franco*, 2 fr. 25; relié toile, *franco* 3 25

Avancement et état des officiers (à jour au 15 avril 1899). 176 pages, broché, *franco*, 1 fr. 50; relié toile, *franco*.................... 2 25

Règlement du 3 avril 1869 sur la comptabilité des dépenses du département de la guerre (à jour au 31 mars 1897).
Texte. 616 pages, tableaux et modèles, broché, *franco*, 4 fr. 75, relié toile, *franco*.. 6 »
Annexes. 580 pages, avec modèles, broché, *franco*, 4 fr. 50; relié toile, *franco*.. 5 75